Não acredito no eco dos trovões

BEI DAO

tradução
Yao Feng, Huang Lin,
Manuela Carvalho e José Luis Peixoto

© Moinhos, 2022.
© Bei Dao, 2022.

Edição: Camila Araujo e Nathan Matos
Capa: Sérgio Ricardo
Imagem da Capa: Yao Feng (*obra de instalação:* limiar do voo)

Revisão: Nathan Matos
Revisão técnica: José Luis Peixoto
Tradução: Yao Feng, Huang Lin, Manuela Carvalho e José Luis Peixoto
Organização: Yao Feng

Nesta edição, respeitou-se o Novo Acordo Ortográfico da Língua Portuguesa.
Dados Internacionais de Catalogação na Publicação (CIP) de acordo com ISBD

D211n   Dao, Bei
Não acredito no eco dos trovões / Bei Dao ; traduzido por Yao Feng...[et al.].- São Paulo, SP : Moinhos, 2021.
96 p. ; 14cm x 21cm.
Inclui índice.
ISBN: 978-65-5681-098-0
1. Literatura chinesa. 2. Poesia. I. Feng, Yao. II. Lin, Huang. III. Carvalho, Manuela. IV. Peixoto, José Luis. V. Título.
2021-4365   CDD 895.1   CDU 821.581

Todos os direitos desta edição reservados à Editora Moinhos
www.editoramoinhos.com.br
contato@editoramoinhos.com.br
Facebook.com/EditoraMoinhos
Twitter.com/EditoraMoinhos
Instagram.com/EditoraMoinhos

Bei Dao: como ilha do norte e do norteamento — 5

Um buquê — 15

A próxima árvore — 16

Não — 17

Viajante do Oriente — 18

Festival da lua — 19

Habituado — 20

Fevereiro — 21

Flor de cinco cores — 22

Descanso — 23

Olá, montanha das flores(1972-1978) — 24

O sonâmbulo de agosto — 25

Junho — 26

Cantor da meia-noite — 27

Castelo antigo — 28

Colegas — 30

Negação — 31

Regresso a casa — 32

Resposta — 33

Nos confins do céu — 34

No caminho — 35

O cobre do verão — 37

Tempo acidentado — 38

Regresso à noite — 39

Notas sobre a Cidade do Sol — 40

Insônia — 42

Requiem — 43

Declaração — 44

Estrangeiro — 45

Currículo — 46

Trabalho — 47

Abrir — 48

Luto — 49

Pós-guerra — 50

A chegada — 51

Ramala — 52

Ano novo — 53

Diário de viagem — 54

Sem título — 55

Sem título — 56

Os dias — 57

História da manhã — 58

Estação seca — 59

Espelho — 60

A rosa do tempo — 61

Tangerinas maduras — 62

O regresso — 63

O sonho do porto — 64

Sem título — 65

Sem título — 66

Sem título — 67

Sem título — 68

História de amor — 69

É verdade — 70

Cidade vazia — 71

Quinta avenida — 72

Comemorar — 73

Fim ou começo — 74

Para o meu pai — 77

A história — 79

Lugares antigos — 80

Velha neve — 81

Bilhete de barco — 82

Maçã e pedra firme — 84

Bodisatva — 85

Fosso — 86

Deformação — 87

Línguas — 88

Vamos — 89

O corredor — 90

Passar o inverno — 91

Aproveitar a festa — 92

Paisagem distante — 93

O início — 94

Sotaque — 95

Despertar — 96

Toque do sino — 97

A varanda — 98

Uma noite de chuva — 99

Paisagem acima do grau zero — 100

Lâmpada verde — 101

Mapa negro — 102

Bei Dao: como ilha do norte e do norteamento

Considerado o poeta chinês mais eminente da atualidade, Bei Dao é uma voz incontornável e a mais representativa da poesia contemporânea chinesa. Na China, tornou-se num ídolo dos leitores da sua geração e posteriores, mantendo sempre viva a memória de como um novo estilo de poesia se pretendia livrar do discurso convencionado pela política, trazendo uma lufada de ar fresco à poesia contemporânea chinesa. No estrangeiro, é lembrado como um poeta dissidente que ousou levantar a voz contra uma época intolerante em que a dignidade humana era menosprezada e oprimida.

A poesia contemporânea chinesa de que aqui falamos é escrita em forma livre e em chinês moderno, sendo habitualmente designada como *Nova Poesia*, precisamente para distingui-la da poesia clássica chinesa, que teve o auge nas dinastias Tang (618-907) e Song (960-1279), mas deixou de ser uma forma dominante desde o início do século passado, devido à revolução social, ideológica e cultural na China, bem como ao difícil trato de suas regras rigorosas, acessíveis apenas a uma elite letrada. A *Nova Poesia* teve origem no chamado Movimento Cultural do 4 de Maio, que aconteceu na década de 1920, com o objetivo de romper com uma tradição cultural estática e decadente por meio de reformulação da língua chinesa e de introdução de uma nova ideologia pró-ocidental.

Bei Dao, que literalmente significa "Ilha do Norte", é o pseudônimo de Zhao Zhengai. Nasceu em Pequim, em 1949, ano em que se proclamou a fundação da República Popular da China. Tal como todos os chineses da sua geração, ele viveu o seu tempo de juventude fortemente influenciado pela sucessão de movimentos políticos, dos quais se destaca a Grande Revolução Cultural (1966-1976), realizada em nome da cultura e que causou graves e desastrosas consequências tanto ao país como a milhões de indivíduos. Nesta época de grande perturbação social, a poesia ainda sobrevivia, mas como um instrumento da máquina política já privado da livre expressão. Os poetas, nestas circunstâncias severas, limitavam-se a pintar a máscara da realidade e a elogiar o líder com palavras falsas e ufanas, conforme a poética impregnada pelos chamados "realismo socialista e romantismo revolucionário". Em 1965, Bei Dao entrou para uma das escolas secundárias mais privilegiadas de Pequim, mas o seu estudo foi interrompido pelo desencadear da Grande Revolução Cultural. O poeta alistou-se nos Guardas Vermelhos, tendo viajado pelo país para apoiar os movimentos de rebeldia revolucionária que ocorriam um pouco por todo o lado. Em 1968, enquanto a maioria dos estudantes, depois de terem completado os estudos secundários, foi obrigada a deixar as cidades rumo ao meio rural onde tinha de trabalhar de mãos dadas com os camponeses para se reeducar, conforme instruções superiores de Mao, Bei Dao foi enviado, felizmente, para uma empresa de construção civil, na qual se dedicou ao trabalho físico por seis anos. Foi a partir deste período que começou a escrever poemas junto com um grupo de amigos com os mesmos interesses, dos quais a maioria também iria se tornar em poetas distintos no futuro. Estes poetas, que não se alinhavam à estética do realismo socialista, estereotipada pela máquina de propaganda política, liam e aprendiam clandestinamente com poetas estrangeiros cujas obras tinham sido classificadas como "ervas venenosas" durante a Grande Revolução Cultural. Na sequência destas leituras e aprendizagem, começaram a experimentar uma expressividade inovadora, alimentada pela poesia moderna ocidental. Com a proposta de Bei Dao, os poetas fundaram *Jintian* (Hoje), uma revista poética que circulava de forma ilegal e que foi obrigada a encerrar dois anos depois. Embora tivesse uma vida curta, a revista levou muita gente a conhecer a poesia destes escritores, que foi depois rotulada de Poesia Obscura, dado que para aqueles habituados à única e direta manifestação da poesia ortodoxa, este tipo de escrita era considerado demasiado ambíguo e obscuro. Apesar de serem alvo de crítica e polêmica, os poetas de *Jintian* tiveram um impacto sem precedentes na poesia contemporânea chinesa, não só pela ousadia de pegar na poesia como arma de intervenção na fase de mudanças sociais, mas também pela tentativa de incorporação das novas tendências poéticas na mesma.

Sendo o membro mais influente dos poetas de Poesia Obscura, Bei Dao escreveu, neste período, uma série de poemas que são estritamente inerentes a uma realidade em que o impacto negativo causado pela Grande Revolução Cultural estava a despertar a reflexão crítica das pessoas, contribuindo para a criação da "poética da política rebelde", que adotou uma atitude acintosa para denunciar a privação da liberdade e apelar à restauração da dignidade humana. Poemas como *Resposta*, *Fim ou começo*, *Bilhete de barco*, *Currículo*, *Templo antigo* ou *Os dias* entres outros, provocaram uma reação muito entusiástica entre os leitores, estabelecendo cumplicidade com aqueles que tinham vivido como testemunhas ou vítimas numa época de loucura, cegueira e destruição:

> A vilania é o passaporte dos vis
> A nobreza é o epitáfio dos nobres
> ...
> Não acredito que o céu seja azul
> Não acredito no eco dos trovões
> Não acredito que o sonho seja falso
> Não acredito que os mortos não se vinguem
>
> Bei Dao: Resposta

Com uma estrutura binária construída na forte tensão discursiva, aumentada pela retórica de repetição, o poeta descreve um quadro histórico no qual se contrastam a nobreza e a vilanagem, a luz e a escuridão, a iluminação e a ignorância... de forma a se exclamar a descrença e a negação, a se refletir sobre a histórica, assim como a se revelar a preocupação com o destino da pátria. Este poema se tornou muito popular junto dos leitores, porém Bei Dao, alguns anos depois de ter começado a sua vida de exílio, mostrou renúncia a ele, argumentando que "tem uma evidente intenção de pregar sermão". Durante o exílio, ele deixou de escrever os poemas deste tipo em que ainda se escutam ecos de palavras de ordem, retórica frequentemente usada pela poesia ortodoxa. Contudo, este poema já tinha ficado enraizado na memória dos chineses e deve ser entendido no contexto em que se defendia a "poética da política rebelde".

Num país em que a vida do indivíduo é largamente politizada e a fronteira entre a vida privada e a pública é bastante ambígua, é impossível que um indivíduo tenha uma vida "pura" ou "oculta" de eremita, sem que esta seja influenciada por fatores políticos e sociais. Cada existência individual é uma coexistência com outros, integrada na sociedade que persiste em uniformizar o pensamento e a consciência de todos para que atravessem a praça "a passos de gansos" ou se mantenham imóveis no mesmo lugar antes de receberem ordens, tal como

Bei Dao ironiza no poema *Currículo* através de imagens imbuídas de conotação metafórica:

> *Certa vez atravessei a praça a passos de ganso*
> *Cabeça rapada*
> *para melhor procurar o sol*
> *mas numa estação de loucura*
> *perdi o norte ao me deparar com cabras*
> *no outro lado da cerca*
>
> Bei Dao: *Currículo*

Mediante uma escrita firme e poderosa, impregnada desde o início pelo espírito rebelde contra a violência, a barbárie e a opressão do poder político ao homem, Bei Dao tornou-se a voz mais sonora e ativa dos poetas da sua época. Em 1989, ele foi proibido de retornar à China após uma viagem para uma conferência em Berlim, em virtude de estar envolvido em movimentos pró-democracia. Começou então o seu exílio e viveu, sucessivamente, na Inglaterra, Alemanha, Noruega, Suécia, Dinamarca, Holanda, França, acabando por ficar a residir permanentemente nos Estados Unidos. Terminou este longo tempo de exílio em 2007, quando foi contratado como professor catedrático pela Chinese University of Hong Kong. Presentemente, já está reformado mas ainda é responsável pela organização do *International Poetry Nights in Hong Kong*, um dos festivais de poesia mais importantes do mundo. Desde 2006, foi autorizado a voltar à China, onde tem publicado várias obras de poesia e crónicas.

No período de exílio, os poemas de Bei Dao conheceram uma mudança viral, seja na temática seja no estilo, girando mais em torno de meditação sobre a arte de poesia, língua, saudade, separação e interrogação relativa à história e à existência humana. Deixou de realçar a posição política, pois nunca gostou de ser classificado como "poeta dissidente", uma etiqueta que lhe foi atribuída ao ser mencionado pela comunicação social ou crítica do Ocidente. Enquanto atenuava a sua tendência política, procurava escrever "poemas que se mergulham mais para o fundo, a explorar o percurso interior e que são mais complexos, mais difíceis de compreender", como ele próprio frisa. Esta mudança relaciona-se, por um lado, com a sua nova compreensão sobre a poesia, julgando que ela própria não deve ser um conceito de conotação política, e, por outro lado, com a sensação de desapego que ele sentia como estrangeiro em terras alheias, o que resultou na expressão poética mais nebulosa e evocativa, direcionada para captar e registrar o que sentia no interior da alma e pensava na mente. Bei Dao rejeita a ligação direta e inevitável entre a poesia e a política, defendendo que "a verdadeira resistência pode ser precisamente a de desprender a linguagem poética da política, do discurso nacional e do círculo vicioso da história".

O exílio significava viajar regularmente com ajustamento ao fuso horário, viver no estado marginal em diferentes países, bem como conviver com línguas estrangeiras. Todavia, o maior impacto provocado ao poeta foi o do exílio da palavra, tal como ele próprio confirma: "o exílio da palavra já começou." No poema *Línguas*, escrito antes de deixar o seu país, Bei Dao expressou a sua dúvida em relação à função das línguas: *A criação de línguas / não aumenta nem alivia a dor do silêncio do ser humano*" (Bei Dao: *Línguas*). Efetivamente, a julgar pelas palavras do poeta, para um exilado obrigado a viver no estrangeiro, a língua materna passou a ser a sua "única bagagem de viagem". Para resistir ao exílio da palavra em circunstâncias estranhas, Bei Dao persistia em escrever em língua materna, de forma a manter as raízes da sua identidade cultural. No entanto, tal como um dos seus poemas evoca, o poeta tinha de praticar o chinês ao espelho, enquanto o sotaque da língua materna é representado

como a pátria, da qual o autor escutou apenas o eco do medo
ao tentar comunicar com ela por telefone:

> *A pátria é um sotaque*
> *Escutei o meu medo*
> *do outro lado do telefone*
>
> Bei Dao: Sotaque

Pode haver várias razões para interpretar este medo, mas a separação da língua materna e da pátria que rejeita o retorno do seu filho constitui certamente um importante motivo espiritual e psicológico do medo. A distância objetiva não só alterou a sua relação com a sua língua materna, como também o levou a refletir na relação que mantinha com a pátria. No entanto, o paradoxo é que o poeta se sentia mais próximo e mais íntimo da língua materna enquanto estava ausente fisicamente da pátria. A ausência conduz o poeta a avançar no interior da língua para marcar uma presença mais intrínseca:

> *Só consegue falar depois de encontrar a saída*
> *do pinhal labiríntico que é a gramática*
> *pelos degraus da escada*
> *avança no interior desta língua*
>
> Bei Dao: Castelo antigo

Verifica-se que, nos poemas escritos no exílio, a tensão que o poeta tinha mantido anteriormente com o mundo exterior tendia a suavizar-se, sendo substituída pela tensão atribuída à linguagem poética. Mesmo assim, ele não era um poeta fechado na torre de marfim, antes continuava atento e vigilante à realidade sobre a qual fazia observações ou intervenções mediante reflexão poética, tal como ele escreve em *Ramala*, um poema que resultou da sua visita por esta cidade palestina onde ainda se lançam as sementes da morte e se figura a raiva do vento na árvore de resistência:

> *Em Ramala*
> *a morte lança sementes no meio-dia*
> *para florescer na minha janela*
> *A árvore da resistência é a versão original*
> *do raivoso tufão*
>
> Bei Dao: Ramala

A vida de exílio aumentou a dose de saudade que o poeta sentia da sua terra natal, enquanto o regresso era uma ocasião para ele reencontrar o passado que já não existia, rever a relação com a terra natal e refletir sobre o sentido da sua própria existência. Em 2001, o pai de Bei Dao estava gravemente doente e o poeta conseguiu obter autorização oficial para voltar a Pequim e visitá-lo. Na viagem, escreveu o poema *Mapa Negro*, pelo qual expressou não só a reconciliação com o pai que já tinha os dias de vida contados, como também a desilusão de perder a cidade que tanto possuía no seu tempo de juventude e deixou de ser sua. Assim, o reencontro não passa de um novo ponto de partida para novas despedidas:

> *Regressei — reencontros*
> *são sempre menos do que despedidas*
> *apenas menos um*
>
> Bei Dao: Mapa Negro

Sendo um poeta altamente respeitado na China e vastamente conhecido e renomado a nível internacional, Bei Dao tem poemas e crônicas já traduzidos para mais de vinte línguas, mas ainda é pouco conhecido no mundo português. Conforme pesquisa realizada por Huang Lin, até agora podem ser encontrados apenas dez poemas traduzidos por Yao Feng e Regis Bonvicino, incluídos na antologia *Um Barco Remenda o Mar*

(Martins Fontes, 2007), e cinco poemas traduzidos por Hu Xudong, recolhidos na revista *Poesia Sempre* (2007). Em relação aos estudos acadêmicos, não se encontra mais nada senão um artigo assinado por António José Bezerra de Menezes Júnior, que analisa a tradução do poema *Resposta*, publicado na revista *TradTerm* (18/2011.1). Sendo assim, a tradução e publicação desta antologia abre uma porta para os leitores de português conhecerem e estudarem a poesia deste grande poeta chinês.

Contudo, é de lembrar que Bei Dao se mantém atento aos poetas dos países de língua portuguesa, tendo convidado, através de recomendação minha, Regis Bonvicino, Fernando Pinto do Amaral, Núno Júdice e Ana Luísa Amaral para participarem no *International Poetry Nights in Hong Kong*, tendo cada um deles uma antologia de poemas traduzidos para chinês e inglês, apresentada aquando da realização do evento.

A tradução da antologia poética de Bei Dao faz parte do meu projeto de investigação *Chinese Literature in Portuguese: Research, Translation and Anthology*, subsidiado pela Universidade de Macau, instituição à qual agradeço pelo apoio e compreensão que permitem a finalização do projeto. Bei Dao, amigo de longa data, concedeu os direitos de autor para a tradução e publicação dos seus poemas no Brasil, pelo que lhe estou muito grato. Também tenho de agradecer a Huang Lin pela primeira tradução dos poemas, à Professora Manuela Carvalho pela participação ativa na discussão e revisão à tradução, ao poeta José Luís Peixoto pela revisão literária dos poemas, e, por último, à Editora Moinhos por ter aceitado a publicação da obra de Bei Dao.

Uma palavra sobre a tradução: na qualidade de investigador do projeto, convidei Huang Lin, estudante de doutoramento da Universidade de Macau, para efetuar a primeira tradução dos poemas a partir do chinês com versões em inglês como referência, e depois nós três, Huang Lim, Professora Manuela Carvalho e eu, efetuamos muitas reuniões para discutirmos a tradução dos poemas. Foi um trabalho difícil, visto que existe sempre, em qualquer poema, o que é traduzível, o que é intraduzível e o que se rejeita a ser traduzido. Por fim, enviamos os poemas traduzidos a José Luís Peixoto para a realização da revisão literária e, depois, fiz uma leitura cuidadosa dos poemas revistos, comparando-os com os poemas originais.

Como expressão e suporte da cultura, cada língua tem a sua própria forma de registar os pensamentos, de descrever o real e o irreal, de simbolizar os sentimentos, o que faz com que o tradutor tenha de servir dois donos: o da língua de partida e o da língua de chegada, sendo este último, o leitor da língua de chegada, aquele que acorda a tradução com a sua leitura. Por isso, desejamos sinceramente receber os seus pertinentes comentários, as suas críticas construtivas e as suas valiosas sugestões. No fundo, cada tradução pode ser considerada como um "manuscrito" sempre à espera de ser aperfeiçoado.

YAO FENG
25/12/2021

Um buquê

Entre mim e o mundo
és uma baía, uma vela
as pontas fiéis de uma corda
És uma fonte, o vento
um grito agudo da infância

Entre mim e o mundo
és uma moldura, uma janela
um jardim coberto de flores selvagens
És um fôlego, a cama
uma noite acompanhada por estrelas

Entre mim e o mundo
és um calendário, a bússola
um fio de luz deslizando nas trevas
És um currículo, um marcador de livros
um prefácio escrito no fim

Entre mim e o mundo
és uma cortina de tule, a bruma
uma lamparina que ilumina o sonho
És uma flauta, uma canção de silêncio
pálpebras semicerradas esculpidas na pedra

Entre mim e o mundo
és um abismo, uma lagoa
um precipício a cair
És um cerco, um muro
um emblema eterno no escudo

A próxima árvore

De onde chega o vento?
Contamos os dias e as noites que passam
no interior das sementes de papoila

Uma nevasca espalha mentiras
ditas por certa corrente de ar
A caixa de correio desperta
cartas que já significam outra coisa
A estrada dirige-se para além da história
e retiramos as antigas recordações
para amarrá-las na próxima árvore

Venham, bárbaros,
juntem-se a esta lenda
Este momento reservado já floresceu
Chamas humildes
transformam-se em tigres na terra alheia

Por todos os cantos viajamos
partindo sempre da próxima árvore
e regressamos apenas para nomear
a tristeza do caminho

Não

Em breve, a solução conhecerá
o calendário, o brilho da mentira
já se reflete no rosto dele

Perto do esquecimento
perto da narrativa do campo
para entrar na pátria: palavra
plena de desespero

Grãos de trigo redondos
ou lágrimas maduras
a solidão mais fiel desta noite
indica-lhe o caminho

Ele diz não
aos dias tagarelas
que se sucedem

Viajante do Oriente

Tomo o café da manhã com pão, compota, manteiga
e chá, observando pela janela os pombos redondos
e a gente que se demora em volta
como no aquário

Subo por bolhas de ar

No fim do espetacular sucesso
quatro potros malhados esperam roer aveia:
a alegria do seu tempo

Subo por aplausos estrondosos

No verão esmagado pela escavadora
troquei olhares com um estranho
O deus da morte é um fotógrafo furtivo
Utiliza o olhar de alguém
para escolher o melhor ângulo

Subo pelas aspirações do estranho

Com o rosto deformado
o ciclista falhou a travagem e retirou-se do pelotão
como um dedo da mão a tocar piano

Subo pela melodia

Alguém adormeceu à espera do comboio
Começou a viagem depois de chegar ao destino
O telefone responde:
grave a sua mensagem após o sinal

Festival da lua

Amantes com caroços na boca
fazem votos, regalam-se
até que o bebê dentro da água
espreitando seus pais pelo periscópio
nasça

Um visitante inesperado bate à porta
com determinação de adentrar
na profundidade das coisas

Árvores aplaudem

Ó, espere, a lua cheia
e a cartografia desassossegam-me
A minha mão folheando
mapas com significados obscuros
me deixa sentado na escuridão
por mais algum tempo, como
se estivesse sentado
no coração de um amigo

Esta cidade parece um convés
ardente no mar gelado
Pode salvar-se? Sim, já se salvou
Enquanto a torneira chora a fonte
gota a gota

Habituado

Habituado a que me acenda o cigarro
Com as faíscas bailando, pergunta sempre
adivinha, o que queimei?

Habituado a que cante baixinho sentada na proa
Os remos batem na água, quebram as luzes do sol na bruma
Cansada, arrasta passos caprichosos
para evitar o lugar onde lembraria os nossos sonhos antigos
Corre ao meu lado, enquanto os seus cabelos
saltitam pelos ombros e ri despreocupada

Habituado a que me chame em voz alta no vale
e escute os nossos nomes ecoarem brincando
Com o livro ao colo, levanta questões novas
Amuada, escreve as respostas na palma da mão
No inverno, sob o azul do candeeiro da rua
aconchega-me o seu bafo no pescoço

Sim, já estou habituado
Faz soar incêndios
para queimar a escuridão

Fevereiro

A noite está a se tornar perfeita
Flutuo entre línguas
enquanto o instrumento da morte
se cobre de gelo

Quem canta nas brechas
da vida? A água se torna amarga
e as chamas sangram até à cinza
o monte corre até às estrelas como gatos selvagens
É preciso encontrar uma forma
para sonhar

No frio da manhã
um pássaro acordou
para se aproximar da verdade
Entretanto afundo-me
com os meus poemas

Fevereiro a folhear o livro
atos e sombras

Flor de cinco cores

Na margem do abismo,
guarda cada um dos meus sonhos solitários
eis o rumor de quando a brisa toca a relva

O sol arde aceso ao longe,
e fica à margem do lago, no qual projeta a tua sombra
as águas ondeiam ligeiras, naufragam os tempos do passado

Se está fadada a murchar,
tenho apenas uma esperança simples
que te mantenha serena ao florir

Descanso

Afinal você chegou
no domingo onde a nuvem se ancora

O descanso, como uma mentira
deve ter cuidado com a vigília

Ele toca teclas brancas e pretas
dias e noites

Toca o amanhã
cadeia da felicidade

O morto saltou da sombra
para trancar o céu

Olá, montanha das flores
(1972-1978)

Melodias flutuam indecisas
e flocos de neve tremem na palma da mão
Quando a neblina se dissipa
recorta as montanhas em melodias ondulantes

Recolho o legado das quatro estações
no vale deserto
As flores que colhi não param de crescer
e florir, o tempo da morte

Ao longo da floresta virgem
raios verdes de sol bailam nos ramos
Um açor castanho-avermelhado traduz
o terrível rumor do monte em língua da ave

Grito de repente
Olá, Mon-ta-nha de Flo-res
Olá, me-ni-no
e ecos chegam das cascatas longínquas

É o vento dos ventos
que cria a ressonância das coisas inquietas
Murmuro,
com os flocos de neve na mão a cair no abismo

O sonâmbulo de agosto

Tocou o sino de pedra no fundo do mar
Tocou, encrespando as ondas

O que tocou foi agosto
Ausente o sol ao meio-dia de agosto

Uma vela triangular inchada de leite
levantou-se entre cadáveres flutuantes

O que se levantou foi agosto
Rolavam monte abaixo maçãs de agosto

O farol apagado há muito tempo
iluminou-se nos olhos dos marinheiros

O que se iluminou foi agosto
A geada voltou a cobrir a feira de agosto

Tocou o sino de pedra no fundo do mar
Tocou, encrespando ondas

O sonâmbulo de agosto
assistiu ao sol de noite

Junho

O vento sussurra ao ouvido: junho
Junho é uma lista proibida
da qual saí mais cedo

Repara na despedida
e no suspiro das palavras

Repara nas explicações:
flores de plástico no infinito
na margem esquerda da morte
a praça de cimento
estende-se desde a escrita até
este momento

Fugi da escrita
enquanto o alvorecer foi forjado
a bandeira cobriu o mar

Mas o alto-falante fiel ao mar
reproduzia sons graves: junho

Cantor da meia-noite

Uma canção
é um ladrão que corre pelos telhados
Roubou SEIS cores
e o indicador vermelho aponta
para o paraíso das QUATRO horas
As QUATRO horas explodem
Na cabeça do galo
salta a loucura das QUATRO horas

Uma canção
é uma árvore que mantém a antipatia
Depois da fronteira
comprometeu-se
a matilha devora o amanhã

Uma canção
é um espelho que sabe de cor o corpo
é o rei das memórias
a chama da discussão
pelas línguas de cera
as flores alimentadas pelas lendas
a locomotiva a vapor
que irrompe pela igreja

Uma canção
é a morte do cantor
A noite da sua morte
foi gravada num disco negro
assim toca para sempre

Castelo antigo

As rosas envergonham-se
como a verdade deste clã
que te eterniza

A fonte remonta à primeira luz
às trevas que se transformaram em luz
A água da morte engole
o fogo do orgulho esculpido

Só consegues falar depois de encontrar a saída
do pinhal labiríntico que é a gramática
Pelos degraus da escada
avanças no interior desta língua
Todas as portas e túneis
te conduzem ao salão do eco

Grita, mas não escuta os ecos

Num dos retratos que te rodeiam
a senhora da última geração
desvenda a máscara da sua velhice

Saciando-se no copo do desejo
despediu-se do gato com o olhar
corre para além da vida
Grau zero, melodias ecoam
amanhã não se agenda
no calendário de outrem

1916: flechas de guerra
apontam para todas as direções
Pôs a toalha branca de mesa
arte de evocar a fome
Quando a última vela acesa
contar a tempestade do século
ela morrerá de fome

Poço, único olho da terra

Tocando no castiçal
as mãos gélidas
seguram em chamas
Os pombos que criou
constroem os ninhos silenciosos do clã

No suspiro de amanhã
a porta fecha-se como um trovão
Morreu a arte
e as rosas acabam de florir

Colegas

Este livro, pesado como uma âncora
mergulha nas leituras dos sobreviventes
O teu rosto toca o sino do outro lado do oceano
o diálogo é impossível
Palavras flutuam no mar durante a noite
e, de repente, partem de manhã

As gargalhadas enchem uma tigela vazia
O sol gira no gancho do talho
O primeiro ônibus vai
para o último correio do campo

Relâmpago, carteiro de tempestade
perdeu-se em dias depois de florir
Segui-te como uma sombra
da sala de aula para o recreio
Sob o álamo que velozmente cresce
diminuímos, cada um rumo a seu norte

Negação

O aniversário mascarado
é uma lanterna
A colheita começa de noite
rumo à eternidade

Colhendo algodões
nos olhos dos mortos
o inverno pediu de volta as memórias
quer tecer vento com o tamanho de décadas

Os dias transformam-se em sinais de trânsito
O vento bate à porta com força
Não há histórias no pomar
Não há médicos no sonho

Respiro e nego
fugindo do aniversário

Regresso a casa

Regresso a casa quando as ilusões
retomam um fio do seu próprio fumo
O meu caminho é paralelo
aos segredos de um rato

O passado que me inquieta
é o diapasão do relâmpago
como um instrumento ocluso
assalta a mão do esquecimento

E a pressão deste instante
vem do azul mais profundo
Dobrei a esquina, examino agora
o livro do céu e a impressora do mar

Vejo-me regressando a casa
atravessando os brinquedos da noite
No fim da luz
confluem clamores e cálices

Resposta

A vilania é o passaporte dos vis
A nobreza é o epitáfio dos nobres
Olha, o céu dourado
está assombrado pelo reflexo distorcido dos mortos

Passou a idade do gelo
Por que ainda há estalactites em toda a parte?
Se já foi descoberto o Cabo da Boa Esperança
Por que ainda se disputam mil velas no Mar Morto?

Nasci neste mundo
possuindo apenas papéis, cordas e sombras
Pronto para mencionar vozes condenadas
antes do julgamento

Escuta, mundo
eu – não – acre – dito
Ainda que haja mil provocadores a teus pés
serei o milésimo primeiro

Não acredito que o céu seja azul
Não acredito no eco dos trovões
Não acredito que o sonho seja falso
Não acredito que os mortos não se vinguem

Se o mar está fadado a romper o quebra-mar
deixe que as águas amargas inundem o meu coração
Se o continente está destinado a ascender
deixe a humanidade escolher de novo o ponto mais alto do ser

Novas evoluções e estrelas brilhantes
enfeitam a superfície do céu limpo
São os caracteres de há cinco mil anos
são os olhos contemplativos das gerações vindouras

Nos confins do céu

Montanhas: o amor de uma por outra
é eterno, tal como a paciência da Natureza
simplifica a voz humana

Um grito triste e estridente
ecoa desde a antiguidade até hoje

Descansa, viajante exausto
As orelhas feridas
revelam a tua dignidade

Um grito triste e estridente

No caminho

Em julho, pela pedreira desamparada
o vento sustentava cinquenta papagaios de papel
As pessoas ajoelhadas junto ao mar
desistiram da guerra milenar

Ajustando o fuso horário
atravesso a vida inteira

Aclamando a liberdade
chegam da água sons de areias douradas
Bebês inquietos na barriga com tabaco na boca
a cabeça da mãe rodeada por fumaça

Ajustando o fuso horário
atravesso a vida inteira

Esta cidade começou a sua emigração
Hotéis grandes e pequenos alinham-se no trilho
Giram chapéus de turistas
contra os quais alguém dispara

Ajustando o fuso horário
atravesso a vida inteira

Abelhas se agrupam
perseguem o jardim nômade dos vagabundos
Cantores e cegos
agitam o céu noturno com duplas cintilações

Ajustando o fuso horário
atravesso a vida inteira

No mapa que cobre a morte
a meta é uma gota de sangue
As pedras acordadas sob os meus pés
são esquecidas por mim

O cobre do verão

Um filho do rumor
sentado na coroa esterilizada
escuta o cobre do verão

Soldados com passadas iguais
marchando na avenida enferrujada
avistam o cobre do verão

A cicatriz da árvore cortada
sorrindo sem perder o encanto
engole o cobre do verão

Tempo acidentado

A vela presa no fundo das trevas
procura modelos nas páginas do conhecimento
Depois de copularem em filas
os caracteres dormem até ao alvorecer da civilização

Rodas de inércia, boneco austero de neve
A terra, jogo de xadrez por terminar
abandonado há muitos anos
Um menino foge das regras
atravessa o rio fronteiriço para entregar uma carta
que é um poema ou um convite da morte

Regresso à noite

Após a melodia, o alarme do ataque aéreo
pendurei a sombra no cabide
Tirei os olhos que ajudavam o cão a fugir
Removi os dentes falsos: últimas palavras
Fechei o relógio de bolso, velho e astuto
o coração em defesa

As horas caíram na água, uma atrás da outra
Como bombas de profundidade,
explodiram no meu sonho
escutei o eco do meu terror

Notas sobre a Cidade do Sol

Vida
O sol nasceu alto

Amor
Serenidade. Gansos selvagens
sobrevoam o agreste terra virgem
Tombou a árvore velha, um estrondo
Chove no ar amargo e salgado

Liberdade
Voando
Pedaços de papel rasgado

Criança
Um desenho em que cabe o mar todo
dobra-se num grou branco

Rapariga
Um arco-íris vibrante
recolhe plumas floridas

Juventude
Ondas vermelhas
inundam remos de solidão

Arte
Milhões de sóis cintilantes
nascem nos fragmentos do espelho partido

Povo
Lua destroçada no brilho de grãos de trigo
para ser semeada no céu e na terra fiel

Labor
Mãos, cercam a Terra

Destino
Crianças batem à toa nas grades
Grades batem à toa nas noites

Fé
O rebanho vai para além do pântano verde
Um menino pastor toca a flauta monótona

Paz
Onde morreu o imperador
rebentaria uma espingarda fora de uso
para servir de muleta ao estropiado

Pátria
Forjada num escudo de bronze
encostado à parede escura do museu

Viver
Redes

Insônia

Olha para si próprio pela janela
o brilho de luzes agita a vida

Os olhos cegam pela inveja
as estrelas correm contra o vento
Após a metáfora da morte
alarga-se a paisagem da moral

No lugar a que se chama Fonte
a noite acabou por alcançá-lo
O exército da insônia
homenageou a bandeira da solidão

Dando voltas o guarda-noturno
acendeu a flor do pânico
O gato saltou na noite imensa
com a cauda a relampejar no sonho

Requiem

— *Para Shanshan**

A onda daquele ano
inundou as areias do espelho
O desvio é uma despedida
que quer dizer:
cada momento da palavra
como um pôr do sol

A vida é apenas um compromisso
não chore por ela
Antes do arrasamento do jardim
tínhamos tanto tempo
para discutir o voo dos pássaros
e para bater à porta da meia-noite

A solidão acendeu-se como um fósforo
O túnel da infância
conduz até ao interior da mina e da dúvida
enquanto a poesia corrige a vida
e o seu próprio eco

* A irmã mais nova do poeta, afogou-se em 1976
ao tentar salvar uma pessoa num lago.

Declaração

— *Para Yu Luoke**

Talvez chegue a hora derradeira
mas não deixo testamento
senão uma caneta para a minha mãe
Não sou herói
nesta época em que não há heróis
apenas quero ser um homem

O horizonte calado
separou a ala dos vivos e dos mortos
Resta-me uma única escolha, o céu
em vez de me ajoelhar no chão
para aumentar a altura dos carrascos
que travam os ventos de liberdade

Dos buracos de bala como estrelas
escorre a madrugada de sangue

    *   Nascido em 1942, foi um escritor talentoso. Durante a Grande Revolução Cultura, foi condenado à pena de morte em 1970 por ter escrito um artigo intitulado "Teoria da história da família" (Chu Shen Lun), que se julgou como uma grande ofensa contra o governo central de então.

Estrangeiro

Como uma cortina de cena, caiu esta geração
enquanto a seguinte aplaudia

E você, escondido no escuro
revive o tempo
já vivido
Tateando, encontrou a luz

deixando os gritos dos grous
ecoarem pela metade da vida

Alguém nadava na doença
enquanto o vento outonal observava
a ínfima fúria de um animal pueril
A estrada juntou-se ao sono
e você, derrotado pela luz
continua a defender uma cerca sem dono

Currículo

Certa vez atravessei a praça a passos de ganso
de cabeça bem raspada
para melhor sentir o sol
mas numa estação de loucura
perdi o norte ao me deparar com cabras apáticas
no outro lado da cerca
Até que vi o ideal escrito num papel
branco como terra alcalina
arqueei o dorso
pensando que achara a única forma
de dizer a verdade, como
um peixe na grelha sonhando com o oceano
Viva! Gritei eu apenas uma vez, merda
e logo me cresceu a barba
enovelada como séculos incontáveis
Fui obrigado a lutar contra a história
usando a faca para me aparentar com ídolos,
em vez de encarar o mundo
fragmentado pelos olhos da mosca
No monte de livros em luta incessante
e em silêncio dividimos por partes iguais
as moedinhas ganhas no tráfico de cada estrela
Numa noite, perdi o cinto
ao jogo, e voltei ao mundo nu e novo
Acendi um cigarro calado
disparando um tiro fatal à meia-noite
Quando o céu e a terra trocarem de lugar
ficarei pendurado de cabeça para baixo
numa velha árvore parecida com uma vassoura
olhando a distância

Trabalho

Competindo com a própria sombra
o pássaro voa até ser um eco

Não por coincidência, a profissão
que escolheu na tempestade
é uma palavra no balão
e um espinho
picado nas antigas memórias

A mãe abre a janela
como a protagonista no velho livro
estende o outono em leque
incandescente

Tu, filho rebelde
limpa o vidro com a nuvem branca
lava o rosto no vidro refletido

Abrir

No sonho, bebo
num copo vazio

Alguém lê um jornal no parque
quem o convence a chegar ao confins da velhice
para engolir luzes?
A lanterna transformou-se num chá frio
na escola noturna dos mortos

A rampa da memória rumo ao céu da
noite, os olhos imbuídos de lágrimas turvas
Mentir — palavras-chave
deslizando até ao carrasco

Deslizando para mim: casa vazia

Uma janela se abre
furando o silêncio como um dó agudo

A terra e a bússola giram
ao acertar o código —
aurora

Luto

— Para as vítimas do dia 4 de junho

Em vez dos vivos
são os mortos que avançam de mãos dadas
sob o céu sanguíneo do fim do mundo
A dor sucede a dor
Onde o ódio termina, começa o ódio
A fonte secou, o incêndio se alastrou
tornando mais longe o caminho de regresso

Em vez de Deus
são as crianças que rezam no choque
dos capacetes contra o aço
A mãe pariu a luz
A treva pariu a mãe
Pedras rolando e relógio invertido
Despontou o eclipse solar

Em vez dos corpos
são as almas que anualmente celebram o aniversário
Têm a mesma idade
O amor constrói uma aliança eterna
para os mortos
que se abraçam com firmeza
na longa lista dos mártires

Pós-guerra

As imagens destiladas do sonho
abandonam bandeiras no abismo do céu

O lago inicia o seu brilho
As gargalhadas dos desaparecidos
anunciam a dor
o gritar de lótus

O nosso silêncio
converte-se em pasta de palha
em papel, para que a ferida do inverno
seja escrita pela cicatrização

A chegada

Naquele tempo, éramos jovens
cansados como uma garrafa
esperando o rebentar da fúria

Oh, a fúria da idade

Envergonham-se as chamas, eternizam-se as noites
A vida aventura-se nos livros
O sábio mostra o sentido do inverno

Oh, o sentido da partida

Soluços reunidos erguem a cabeça
gritando com boca cheia
Foram esquecidos por Deus

Ramala*

Em Ramala
os antigos jogam xadrez na noite estrelada
e tremeluz o fim do jogo
O pássaro preso ao relógio
salta para fora dizendo as horas

Em Ramala
o sol atravessa o muro como um velho
atravessa o mercado
e espelha-se o seu reflexo
no disco de cobre oxidado

Em Ramala
os deuses bebem água de um pote
e o arco pede direções à corda
Um jovem caminha até aos confins do céu
como herdeiro do mar

Em Ramala
a morte lança sementes no meio-dia
para florescer na minha janela
Resistindo, a árvore encontra a forma original
na tempestade da raiva

* Escrito durante a visita do poeta pela cidade de Ramala, numa delegação que incluiu José Saramago.

Ano novo

Uma criança com flores dirige-se ao ano novo
O maestro que tatua a escuridão
distingue a pausa mais curta

Apressa a entrada do leão na jaula musical
Apressa uma pedra a fingir-se reclusa
movendo-se apenas em linhas paralelas

Os convidados quem são? Quando todos os dias
saem do ninho e sobrevoam o caminho
o livro do fracasso cresce infinito e profundo

Pelo atalho de cada instante
compreendo que o sentido de atravessar o oriente
é regressar a casa, é fechar a porta da morte

Diário de viagem

Antes do comboio entrar na floresta
adormeceu já a nevasca dentro do extintor
Escuta o passado —

Zona de obras iluminada
coração dissecado na cirurgia
Alguém martelando pum pum
tão fraco o batimento cardíaco

A ponte dá um salto
trazendo o lado mais escuro das notícias
para a cidade do amanhã

Avance! Entre no amanhã
Com erros gramaticais de crianças
e braile das estrelas
ocupam o terreno do tempo
sob a bandeira branca

No fim da corrida irá se tornar pai
Atravessa os campos a passos largos
a montanha ficou branca em uma noite

A estrada volta para trás

Sem título

Dá-me a tua mão
assim protejo-te do incômodo
o mundo bloqueado pelo meu ombro
Se o amor não se esquece
                         a dor não se lembra
Guarda as minhas palavras:
Nada passará
nem mesmo o último álamo
— Lápide sem epitáfio
erguida no limite do caminho
As folhas que caem também sabem falar
ao rodopiar, perdem a cor, embranquecem
congelam lentamente
seguram os nossos passos
Por certo, ninguém sabe o amanhã
que nasce na madrugada seguinte
quando nos afundamos no sono

Sem título

Para o mundo
fui sempre um estranho
Nem eu entendo o seu idioma
nem ele entende o meu silêncio
O que trocamos
é apenas um pedaço de desprezo
quando nos cruzamos no espelho

Para mim próprio
fui sempre um estranho
Tenho medo da escuridão
mas tapei a única luz
com o corpo
A sombra é a minha amante
o coração, o meu rival

Os dias

Fecho os segredos na gaveta
Anoto-os no meu livro preferido
Ponho a carta no correio, fico em silêncio
Observo os transeuntes ao vento, sem nenhum receio
Reparo na vitrina com riscos de néons
Enfio uma moeda no telefone
Peço um cigarro ao velho que pesca debaixo da ponte,
soa a buzina desmedida de um navio
No espelho, à porta do teatro
fixo-me a mim próprio através do fumo
Folheio páginas e fotografias amareladas sob o candeeiro,
a cortina afasta os ruídos das estrelas e do mar

História da manhã

Uma palavra eliminou outra palavra
Um livro mandou queimar outro livro
A manhã, alimentada pela violência da língua
faz destoar a tosse matinal
das pessoas

Vermes invadem o caroço
É um caroço chegado do vale apático
Na multidão apática
o governo encontrou o seu porta-voz
Gatos e ratos
têm expressões semelhantes

Pelo caminho do céu
o guarda inspeciona com a espingarda
o sol que cai estrondoso
no lago do asfalto
Escutou uivos de catástrofe
uivos das chamas em delírio

Estação seca

Principia o vento da terra mãe
O pai voa como um pássaro
sobre o sono do rio
e vira de repente, mas você
mergulhou no nevoeiro

Se a memória estiver acordada
como o céu noturno no planetário
corta as unhas
Fechando e abrindo portas
é difícil reconhecer os amigos

Até que as cartas do passado
percam todas as sombras
escuta ao pôr do sol
essa sinfiona
a construção de uma cidade nova

Espelho

Quando se bebe à meia-noite
a chama da verdade enlouquece
olhando para trás
Quem não tem casa?
A janela está suspensa, alta, porquê?

Está farto de morrer
e o caminho está farto de partir
Naqueles tempos vermelhos
alguns se escondiam de dia e agiam à noite
jogavam xadrez com a nação

Mas não era suficiente isso
Quem aprofunda o teu sono
torna-se azul
A manhã está farta de ti
e o espelho está farto de palavras

Pensando no amor
parece um guerreiro
Quando o céu e a terra tremeram
disse a ti próprio
que frio

A rosa do tempo

Quando o vigilante adormecer
chegará com a tempestade
Aquele que envelhece no abraço é
a rosa do tempo

Quando a rota dos pássaros definir o céu
olhará para trás: o pôr do sol
O que emerge no desaparecer é
a rosa do tempo

Quando a faca ficar torta na água
passará pela ponte sobre melodias de flauta
O que chora na cumplicidade é
a rosa do tempo

Quando a pincel esboçar o horizonte
será acordado pelo gongo do oriente
O que desponta dos ecos é
a rosa do tempo

O que permanecer no espelho será este momento
Este momento rumo à porta da renovação
A porta abrirá sobre o mar
a Rosa do Tempo

Tangerinas maduras

Amadureceu a tangerina
Amadureceu a tangerina cheia de sol

Deixa-me habitar o teu coração
com o peso do amor

Amadureceu a tangerina
com casca orvalhada

Deixa-me habitar o teu coração
beber alegria na fonte das tristezas

Amadureceu a tangerina
fios amargos aprisionam cada gomo

Deixa-me habitar o teu coração
reviver o meu sonho desfeito

Amadureceu a tangerina
Amadureceu a tangerina cheia de sol

O regresso

A buzina lança gritos incessantes
Ainda quer contar
os corvos naquele plátano
memorizando-os em silêncio?
Como se tais traços pudessem te ajudar
a não se perder em um outro sonho

Folhas desbotadas e frutos vermelhos
balançam no arbusto
Na verdade, não sopra o vento
A geada escondida na aurora
passa pelas janelas da carruagem
deixa para trás o teu rosto cansado e pálido

Sim, deixando tudo para trás
começa a jornada de regresso
A flauta de bambu do passado
no lugar onde foi abandonada
já se multiplicou pela floresta
guardando o caminho, limpando o céu

O sonho do porto

Quando o luar vem inundar o porto
as luzes noturnas parecem transparentes
Escadas de pedra gasta
conduzem ao céu
conduzem ao meu sonho

Regresso à terra natal
trago corais e sal para a minha mãe
Os corais transformam-se numa floresta
O sal derrete gelos
Pestanas de meninas
sacodem grãos maduros
Pela testa envelhecida das escarpas
sopra um vento úmido
As minhas canções de amor
frequentam todas as janelas
A espuma das cervejas transborda para a rua
transforma-se em postes de luz
Caminho até ao horizonte contra nuvens
Viro-me e faço
uma vênia mais sentida

As ondas lavam o convés e o céu
As estrelas estão na bússola
à procura da posição do dia
Sim, não sou marinheiro
Não nasci para ser marinheiro
Mas penduro o meu coração a bordo
como uma âncora
navegando com a tripulação

Sem título

É sempre desta maneira
que o fogo é o centro do inverno
Quando arde a floresta
só as pedras que não querem juntar-se
ladram ininterruptas

Parou o relógio pendurado nos chifres de veado
A vida é uma oportunidade
apenas uma
Quem acertar no tempo
envelhece num instante

Sem título

Na imaginação rasa do pai
os gritos teimosos das crianças
atingem finalmente a montanha
Não entre em pânico
Seguindo os pensamentos de certas árvores
de gago transformo-me em cantor

A tristeza ao longe
é um tipo de poder
que me permite serrar uma mesa
Alguém partiu por amor
enquanto um palácio atrás de tempestades
navegava por muitas dinastias

A vida rodeada pela mobília
e, além disso, pulgas saltam num tambor gigante
taoistas treinam a sua ascensão ao céu
A juventude caminha ao fundo da ruela
e chora pelo significado da noite
e consigo, por fim, descansar

Sem título

Mais estranho do que acidentes
Mais completo do que destroços

O nome te abandona para sempre
quando pronunciado

No interior do relógio
fica o cimento da juventude

Sem título

Na defesa da língua materna
saudades extraordinárias
rosas moribundas

A rosa bebe a água pelo caule
Se não bebe a água
bebe pelo menos a madrugada

Por fim, emerge a meia-noite
Cantos de loucura
agitam cabelos desgrenhados

História de amor

Finalmente, só um mundo
nos traz o verão amadurecido
Mas prosseguimos com jogos infantis
respeitando certas regras adultas
indiferentes à gente caída na borda da estrada
e aos barcos encalhados

No entanto, o sol: o bem-estar dos namorados
preenche também as costas dos trabalhadores
com noite escura e cansativa
Até na direção do encontro amoroso
há geada a cair
uma troca de olhares vingativos

Esta não é uma história simples
nesta história
estamos você, eu e muita gente

É verdade

A neblina branqueou cada um dos troncos
Em longas crinas soltas na cavalariça
dançavam as abelhas
A inundação do verde
é apenas a madrugada separada pela margem

Ao longo desta manhã
esqueci a nossa idade
Fendas no gelo, pedras
desenham impressões digitais na água

É verdade, eis a primavera
O coração bate e inquieta as nuvens espalhadas na água
A primavera não tem nacionalidade
As nuvens voam como cidadãs do mundo

Reconcilia-te com o ser humano
ó meu cantar

Cidade vazia

A incerteza da meteorologia ao acompanhar o içar da vela
Os mortos perseguem os vivos como sombras
Almas e bússolas magnetizadas
perdem-se na estrada de sentido único
Praça do dia, convés da noite
na ala direita pousam as luzes
a ala esquerda está inundada por águas poluídas

O cabelo alonga-se até ao abismo
pergunta pelo marinheiro e por antigas namoradas
pela família e pela experiência do naufrágio
Dos negativos às fotos
o cabelo branqueou e revelou o abismo

O peso do sábado*
conduziu a cidade ao vazio

---

* O dia 3 de junho de 1989 foi um sábado.

Quinta avenida

O dia é um suspiro
por detrás do jardim dos inventores
A maioria calada
olha sobre o ombro ao tocar à campainha

Ao longo da Quinta Avenida*
caminho para o vasto do espelho
O coração do garçom
aperta-se como um punho

Mais um dia
em que a fonte não tem dúvidas
O relâmpago atinge a testa do profeta
como rugas

Um fio de fumo conduz
uma orquestra gigante de luzes na rua
Numa noite insone
rendo-me à lua

* Refere-se a 5th Avenue de Manhattan. No período em que o poema foi escrito, Bei Dao morava em Nova Iorque.

Comemorar

Então ficamos apaixonados pelo abismo

Nesse dia, ao comemorar
embriagou-se com a tempestade do passado
afundando-se conosco

O vento ganhou forma pela chave:
memória dos mortos
conhecimento das noites

Fim ou começo

— *Para Yu Luoke*

Aqui estou, de pé
em nome daquele que foi assassinado
para que as sombras pesadas como as estradas
atravessem a terra do país
ao nascer do sol

A bruma da tristeza
cobre os telhados irregulares como remendos
Por entre as casas
as chaminés expelem multidões de cinza
Uma aragem quente passa pelo brilho dos ramos
avivando a ponta de cigarro da pobreza
Das mãos exaustas
desprendem-se nuvens escuras e pesadas

Em nome do sol
a escuridão saqueia flagrante
O silêncio ainda conta uma história do oriente
O povo no mural antigo
vive imortal calado
e morre calado

Ah, minha terra
porque jamais cantas
Será que até os cabos dos reboques no Rio Amarelo
quebrados como cordas de um alaúde
que deixa de ressoar
Será que até o tempo como um espelho obscuro
te vira as costas para sempre
e deixa apenas estrelas e nuvens flutuantes?

Estou à tua procura nos sonhos repetidos
nas noites e manhãs de bruma
Estou à procura da primavera e das macieiras
nos fios de aragem trazida pelas abelhas

Estou à procura das marés
nas gaivotas fecundadas pelo sol
voando sobre a crista das ondas
Estou à procura de lendas gravadas no muro
dos nomes esquecidos, meu e teu

Se o sangue te fertiliza
os frutos ficarão maduros
nos ramos de amanhã
deixando-lhes a minha cor

Tenho de admitir que
diante das luzes frias e brancas da morte
eu tremi
Quem quer ser meteorito
ou estátua gélida de mártir
assistindo à passagem de inextinguível tocha da juventude
nas mãos de outrem?
Mesmo que pombos pousem nos seus ombros
ela já não sente o calor e o hálito
Apenas penteiam as penas
e voam com pressa

Sou homem
e preciso de amor
Quero passar cada ocaso
nos olhos da minha amante
e no balançar do berço
esperar pela primeira palavra do filho
No relvado e nas folhas caídas
nos olhares sinceros
escrevo o poema da vida

Eis um desejo simples
mas agora é todo o preço a pagar para ser homem

Ao longo da vida
menti muitas vezes
mas sempre fui fiel
a uma promessa de infância
Por isso, o mundo é incompatível
com o coração de uma criança
jamais perdoa

Aqui estou, de pé
em nome daquele que foi assassinado
Não tive outra escolha
Onde eu tombar
outro homem irá se erguer
Sobre os meus ombros sopram ventos
Sobre o vento cintilam as estrelas

Talvez, um dia
o sol murche como um jazigo de flores
colocada em frente das lápidas
dos lutadores imortais
que crescem como a floresta
Corvos, fragmentos da noite
voam e vagueiam

Para o meu pai

Numa manhã fria de fevereiro
o carvalho ganha a dimensão de tristeza
Pai, diante do teu retrato
o vento mantém a paz da mesa redonda

A partir da infância
apenas distingo o teu vulto
Ao longo do caminho, rumo ao imperador
pastoreia nuvens negras e rebanhos

O vento eloquente traz inundações
A lógica dos becos entra nos corações das pessoas
Chamas-me filho
Seguindo-te, torno-me pai

O destino avança na palma da mão
levando o sol, a lua, as estrelas dando voltas
Sob a luz solitária da candeia masculina
tudo projeta sombras duplas

Paralelos ao ponteiro das horas, tentam formar
um ângulo agudo, mas logo se unem num só trovão
A doença avança pelo hospital da noite
e bate à tua porta

A madrugada surge como um farsante
As chamas mudam teus lençóis
Pelo relógio parado
dardos de tempo voam assobiando

Despacha-te a alcançar a carroça de morte
Uma rota de ladrões das montanhas
perscruta a riqueza
O rio corre à volta de uma canção triste

Propagandas escondem-se no muro
Não muda muito este mundo
A mulher vira-se e desaparece na noite
Do interior da manhã sai um homem

A história

É preciso mudar a história
para poder regressar à terra natal

O tempo abalou algumas palavras
que descolavam e aterravam
sem dar qualquer notícia
Uma sequência de fracassos é um atalho
que atravessa na nevasca a silenciosa arquibancada
rumo à velhice

No auge de uma refeição de família
dependendo do teor de álcool
a mulher mais próxima de ti
mantém a expressão melancólica da história
fixando a neve acumulada

Lugares antigos

A morte observa sempre
uma pintura do avesso

Pela janela vejo agora o ocaso
da minha juventude
Revisitando lugares antigos
tenho pressa de dizer a verdade
Mas antes de cair a noite
que mais se poderia dizer?

Beber um copo de palavras
apenas dá mais sede
Com as águas do rio, cito a terra
Escuto soluços de flauta
nas montanhas vazias

Após cobranças impostas,
anjos regressam
Dos crânios dourados
fazem inventários até o pôr do sol

Velha neve

Quando a nevasca despertou um idioma antigo
mudou no mapa a dimensão do país
Neste continente
a neve se preocupa bastante com
o casebre do exilado

Frente à minha porta
encontra-se uma vereda de três metros

Fábricas fecham, governos caem
Jornais vencidos convergem
para um oceano desfeito
A velha neve sempre presente e a nova sempre ausente
Perdeu-se a arte da criação
A janela retrocede
Cinco pegas passam a voar

O sol inesperado é um acontecimento

Sapos verdes iniciam a sua hibernação
A greve dos carteiros arrasta-se
sem qualquer notícia

Bilhete de barco

Sem bilhete de barco
como pode ele embarcar
Cadeias de âncora tinindo
acordam as noites daqui

Oh, mar
ilhas emergem após a maré baixa
tão solitárias como o coração
sem sombras meigas do arbusto
sem fumo da chaminé
O mastro que acende o relâmpago
que o fulmina em pedaços
Inúmeras tempestades
nas escamas de peixe e nas conchas
nas pequenas umbelas das medusas
suspenderam as imagens
Uma história antiga
é contada de onda em onda

Sem bilhete de barco

Oh, mar
Musgos densos no recife
contagiam a meia-noite nua
e ao longo das penas brilhantes das gaivotas na escuridão
colam-se à superfície da lua
Silenciam-se as marés
quando os búzios e as sereias começam a cantar

Sem bilhete de barco

O tempo não ficou parado
O fogo no barco afundado está a ser ateado
reacendem-se as chamas de corais vermelhos
Quando as ondas se erguem
e os olhos dos mortos reluzem indecisos
emergem do profundo oceano

Sem bilhete de barco

Sim, alucinante
a luz do sol estendida pela praia
tão alucinante

Sem bilhete de barco

Maçã e pedra firme

No ritual do mar rezando
um céu pesado curvou o corpo

A pedra firme vigia maio em vão
contra a verde epidemia

As quatro estações talham altas árvores por turnos
enquanto as estrelas reconhecem o caminho

Um ébrio rompeu a certeza do tempo
usando a sua arte de equilíbrio

Uma bala furou a maçã
A vida foi emprestada

Bodisatva*

Os vincos flutuam na roupa
respiração leve

Os mil braços que bailam
abrem mil palmas, abrem mil olhos
afagando um silêncio estático
entrelaçando as coisas do mundo
como sonhos

Aguenta a sede e a fome seculares
A pérola que tens incrustada na testa
símbolo da força invencível do mar
torna os grãos de areia transparentes
como água

É indefinido o gênero
Teus seios salientes seminus
representam
o desejo maternal
e a dor de amamentar o mundo terrestre

* Ser sobrenatural da tradição budista, possui mil braços e mil olhos.

Fosso

O rio estende-se no meu coração
Como letrados
quantas andorinhas ligam
o céu e a terra?

Uma fila de cadeiras
começa a viagem noturna
Falto às aulas
para descarregar os moinhos
de todas as horas do dia

Agora estou velho
Mergulho nos sonhos como ramos de salgueiros
A porta da cidade está escancarada
para o esquecimento

As maçãs tornaram-se douradas
As mulheres deixaram de namorar
As palavras são engodos
Entre as nuvens os mortos ilustres estão
a nos pescar

Deformação

À janela, virado para os campos
mantenho o epicentro da vida
As dúvidas de maio
são como os espectadores de filmes de ação
iluminados por aguardente

Ao passar o mel das cinco horas
amantes matinais envelhecem
Unem-se num só
Ah, bússola
no mar de nostalgia

Entre a escrita e a mesa
há uma hostilidade diagonal
A sexta-feira lança fumo
enquanto alguém desaparece nas escadas
da vista dos espectadores

Línguas

Muitas línguas
voam por este mundo
colidem e produzem faíscas
por vezes ódio
por vezes amor

O edifício do raciocínio
está a ruir em silêncio
Pensamentos leves como fios de bambu
tecem uma cesta
onde recebem cogumelos venenosos de cegueira

Na arte rupestre, os animais
galopavam pisando flores
Um dente-de-leão fazia crescer
segredos em algum canto
e o vento levou suas sementes

Muitas línguas
voam por este mundo
A criação de línguas
não aumenta nem alivia
a dor do silêncio do ser humano

Vamos

— *Para L.*

Vamos
Folhas caídas foram sopradas para o fundo do vale
e a canção perdeu o seu destino

Vamos
O luar sobre o gelo
já transbordou o leito do rio

Vamos
Com olhos fitando o mesmo céu
e corações tocando o tambor do crepúsculo

Vamos
A memória não nos abandona
e vamos procurar o lago da vida

Vamos
Oh, caminhos
avermelhados de papoulas

O corredor

As tampas das cervejas
para onde foram, levadas pelas marés
das ruas em movimento?
Naquele ano faltava às aulas, sentado no cinema
no corredor infinito da tela
de repente me senti engrandecido
Aquele momento era uma cadeira de rodas
Os dias que restam me empurram para as viagens distantes

O porta-voz da liberdade do mundo
codificou-me num computador gigante:
um estrangeirismo subterrâneo num dicionário
um dissidente
ou uma distância para com o mundo

No fim do corredor, várias palavras ardem
A janela com vidros roubados
enfrenta o inverno burocrático

Passar o inverno

Acordado: pinhal do Norte —
toques do tambor intensos na terra
e a aguardente de sol no tronco
agitam o gelo da escuridão
enquanto o coração uiva para a alcateia

O que o vento rouba é o vento
Devido às dívidas, a neve, o inverno
é maior do que a sua metáfora
A nostalgia parece o rei da nação perdida
o que procura é a perda perpétua

O mar chora os vivos
As estrelas iluminam o amor por turnos —
Quem é a testemunha panorâmica
que guia o rio de trombeta
e a revolta no pomar?

Ouviste, meu amor?
Deixemo-nos envelhecer de braços dados
Hibernemos junto com as palavras
Resta um nó cego a prender de novo o tempo
ou um poema por acabar

Aproveitar a festa

A víbora ostenta o prego na boca
A terra reina no silêncio
da víbora que engole ovos de pássaro
Todos os relógios
param na hora sem sonhos
A boa colheita armazena
os sorrisos mortos do campo
Partindo do espelho de azougue
pessoas com sombras duplas
vão em carros de família
para a feira
Um herói local
no estacionamento abandonado
canta

O vidro mostra o céu limpo
A tangerina brilha

Paisagem distante

Gaivotas, sonhos estridentes
recusam a crença do céu
quando ervas se tornam leite
e o vento perde detalhes

Se o vento é a nostalgia
o caminho é a sua própria voz

No fim do caminho
um servo da história
fingidor da noite
aproxima-se de mim

Atrás da noite
há searas infinitas
e amantes destroçados

O início

O dia e a noite se despedem na copa da árvore
As asas recolhem os últimos brilhos
Nas ondas que escondem a juventude navega o barco
e a morte gira a bússola no coração

O tirano da memória toca o sino
Para além da moldura do tempo, está a nostalgia
O detetive que persegue tempestades
enlouquece ao identificar impressões digitais na luz

O céu cicatriza-se na lagoa
As estrelas reservam lugares no teatro noturno
Os órfãos conduzindo a ode à cegueira
acolhem a lua no desfiladeiro

O início não tem nome
Rios atualizam o horário
O sol abre o seu guarda-chuva incandescente
para a despedida de um estranho

Sotaque

Falo chinês ao espelho
Um parque possui o seu próprio inverno
Pus música
No inverno não há moscas
enquanto faço café, vagaroso
As moscas não entendem o que é a pátria
Ponho um pouco de açúcar
A pátria é um sotaque
Escutei o meu medo
do outro lado do telefone

Despertar

Corvos reaparecem em bandos
invadindo a floresta em marcha

Acordo na encosta do inverno
o sonho escorrega

Às vezes, o sol ainda mantém
o entusiasmo do encontro entre dois cães

Essa sinfonia é um hospital
afinando o bulício do mundo terrestre

Um velho larga de repente
o pano que teceu durante toda a vida

Águas inundam os ramos
e a rosa metal nunca murcha

Toque do sino

O toque do sino ecoa nas planícies do outono
saias caem sobre as árvores uma após outra

Distingo o apodrecer das maçãs

As crianças inclinadas à violência
ascendem como o fumo negro
das telhas úmidas

A tempestade sucumbe a um dono incansável

A cortina do tempo aberta
pelo tácito tocador do sino
voa como farrapos pelo céu

Tocam os dias sem parar

Um barco atracou
para navegar entre a neve
Um carneiro olha para o além

O seu olhar vazio aprecia a paz

As coisas voltam a ser nomeadas
As orelhas do mundo mortal
mantêm um equilíbrio perigoso

Os sinos tocam o dobre de finados

A varanda

O toque do sino é um desejo
em sentido contrário ao vento
Alguém regressa a casa
seguindo conselhos da rua
em direção à sua maçã

O narrador emigra
com as suas histórias e nunca mais volta
Numerando os ninhos
costumamos identificá-los
para memorizar a melodia dos pés descalços
Assim, uma época
trepa pelo nosso ocaso

Exatamente na altura
do velho vinho enche-se a taça
a memória seleciona convidados
vê quem chega primeiro

Uma noite de chuva

Quando a noite partida no charco
balançava uma tenra folha
como se embalasse o sono do seu bebê
Quando uma luz da lâmpada tecia as gotas de chuva
para enfeitar-lhe os ombros
com gotas luminosas, rebolando para o chão
você disse: não
num tom tão afirmativo
mas o sorriso me deixou espreitar segredos do teu coração

Pesadas nuvens negras te afagavam os cabelos
com mãos úmidas
captando a fragrância das flores e o meu bafo ardente
A sombra prolongada pelo candeeiro de rua
abre todos os cruzamentos e sonhos
usando redes para pescar o enigma da nossa alegria
As amarguras vividas, cristalizadas em lágrimas
molharam o teu lenço
esquecido na escuridão atrás de uma porta

Mesmo que amanhã de manhã
a espingarda e o sol sangrento
me despojem a juventude, a liberdade e a caneta
nunca entregarei esta noite
nunca te entregarei
Ó muro, pode tapar-me a boca
Ó grades de ferro, podem cortar-me o céu
mas quando o meu coração palpitar, haverá no sangue a maré
e todas as noites, irá subir até
à minha janela uma lua vermelha,
circunscrita pelo teu sorriso
para me acordar a memória

Paisagem acima do grau zero

É o falcão que ensina a canção a nadar
É a canção que remonta ao vento primordial

Trocamos fragmentos de alegria
entrando na família em diferentes direções

É o pai que confirma a escuridão
É pela escuridão que se dirige ao clássico relâmpago

A porta do pranto fecha-se trovejante
e os ecos espalham-se atrás do seu grito

É o lápis que floresce no desespero
É a flor que luta contra a jornada fadada

É a luz do amor que acorda
para iluminar a paisagem acima do grau zero

Lâmpada verde

— *Para Fred Wakeman*

Da pátria velha, a lua minguante
afunda-se na lagoa
pesada como pedras
Na história, alinhou as palavras
o curso do rio se desviou

Quantas vezes floresceram
altos e baixos das dinastias?
Os corvos são toques de tambor
Imperadores produzem fios como bichos da seda
tecendo longos rolos para a sua escrita

Quantas beldades como nuvens
escoltam as navegações pelo coração
Quando a lâmpada iluminava uma esquina
no sonho
agarrou uma chama
que resultaria num nevão

Com o vinho brindando ao vento
paralelo à China você envelhece
Um longo corredor atravessa primaveras e outonos
enquanto estranhos no portão
batem sem parar

Mapa negro

Por fim, os corvos fizeram uma colagem
da noite: mapa negro
Voltei — o retorno
é sempre mais longo do que o desvio
mais longo do que a vida

Levo no coração o inverno
Quando água e comprimidos de mel
se converteram em palavras da noite
Um arco-íris surgiu sobre o mercado negro
enquanto a memória está a ladrar

O pari reduziu a vida a um ínfimo lume
Virei a esquina até ao encontro
O meu antigo amor escondia-se no vento
dançando com as cartas

Pequim, deixa-me
erguer um brinde às tuas luzes
Permite que o cabelo branco me guie
pelo mapa negro
como se um vendaval levantasse voo

Esperei na fila até à janela
para fechá-la: ah, lua tão brilhante
Regressei — reencontros
sempre menos do que despedidas,
apenas um pouco menos

Este livro foi composto em Baskerville no papel Pólen Soft para a Editora Moinhos enquanto *Trust In Me* se encontrava com Thelonious Monk, Clark Terry Quartet.